– 사랑하는 엄마, 신통방통 허지웅, 씩씩한 수경이, 의젓한 유진이, 모두모두 감사합니다!

배현주 이화여자대학교와 한국일러스트레이션학교를 졸업했습니다. 처음 낸 그림책『설빔』으로
제27회 한국어린이도서상을 받았습니다. 아름답고 재미있는 그림책을 만들기 위해 애쓰고 있습니다.

설빔 남자아이 멋진 옷

2007년 1월 2일 1판 1쇄
2008년 12월 15일 1판 4쇄

ⓒ 배현주 2007

편집 : 김장성, 양희진, 김정아 | 디자인 : 박미경
제작 : 박홍기 | 마케팅 : 이병규, 양현범 | 홈페이지 관리 : 최창호 | 출력 : 한국커뮤니케이션 | 인쇄 : 삼성인쇄 | 제책 : 명지문화
펴낸이 : 강맑실 | 펴낸곳 : (주)사계절출판사 | 등록 : 제 406-2003-034호 | 주소 : (우)413-756 경기도 파주시 교하읍 문발리 파주출판도시 513-3
전화 : 031)955-8588, 8558 | 전송 : 마케팅부 031)955-8595 편집부 031)955-8596 | 홈페이지 : www.sakyejul.co.kr | 전자우편 : skj@sakyejul.co.kr

값은 뒤표지에 적혀 있습니다. 잘못 만든 책은 구입하신 서점에서 바꾸어 드립니다. 사계절출판사는 성장의 의미를 생각합니다. 사계절출판사는 독자 여러분의 의견에 늘 귀기울이고 있습니다.
ISBN 978-89-5828-199-3 77810

이 책의 국립중앙도서관 출판시도서목록(CIP)은 다음 홈페이지에서 이용할 수 있습니다. http://www.nl.go.kr/cip.php CIP제어번호 : CIP2006002546

설빔

남자아이 멋진 옷

배현주 글 · 그림

사계절

"해님 안녕!
어, 해님은 보이지 않고 구름만 가득하네!
눈이 오시려나? 새 눈이 오시려나?"

오늘은 설날,
세배하고 떡국 먹고 나이도 한 살 더 먹는 날이에요.
떡국 한 그릇에 나이도 한 살,
그럼 나는 세 그릇 먹고 누나보다 더 커져야지!

"엇, 추워! 얼른 옷 입자."

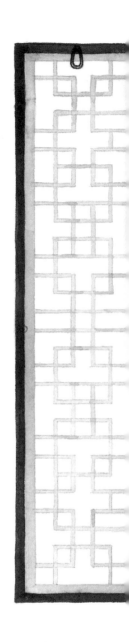

의걸이장 문을 열고 설빔을 꺼내어요.

엄마가 지어 주신 새 옷이에요.

버선, 바지, 저고리, 배자, 까치두루마기, 전복.

흠흠! 옷에서 엄마 냄새가 나요.

언제 맡아도 기분 좋은 우리 엄마 냄새!

"어디 한번 입어 볼까?

나도 이제 컸으니까 혼자 입을 수 있다고!"

오른발, 왼발?
꽃수 놓은 솜버선 어느 발 먼저 신을까?

"에계계? 왜 안 들어가지?"

아하! 버선코가 앞으로 오게 신어야 해요!

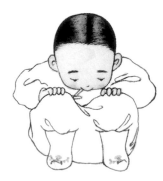

"햐아, 내 발에 예쁜 꽃 피었다."

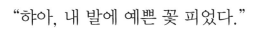

"우와 크다! 한 사람 더 들어와도 되겠어."

훌렁~ "으앗!"

허리폭을 잡아서 왼쪽으로 접은 다음,

흘러내리지 않게 허리띠를 묶어요.

바짓부리는 모아 잡고 바깥으로 돌려서
안쪽 복사뼈에 끝을 대 놓고

대님을 두 번 감아 매듭짓지요.

"누구야 누구? 이렇게 혼자서도 바지 잘 입는 사람이!"

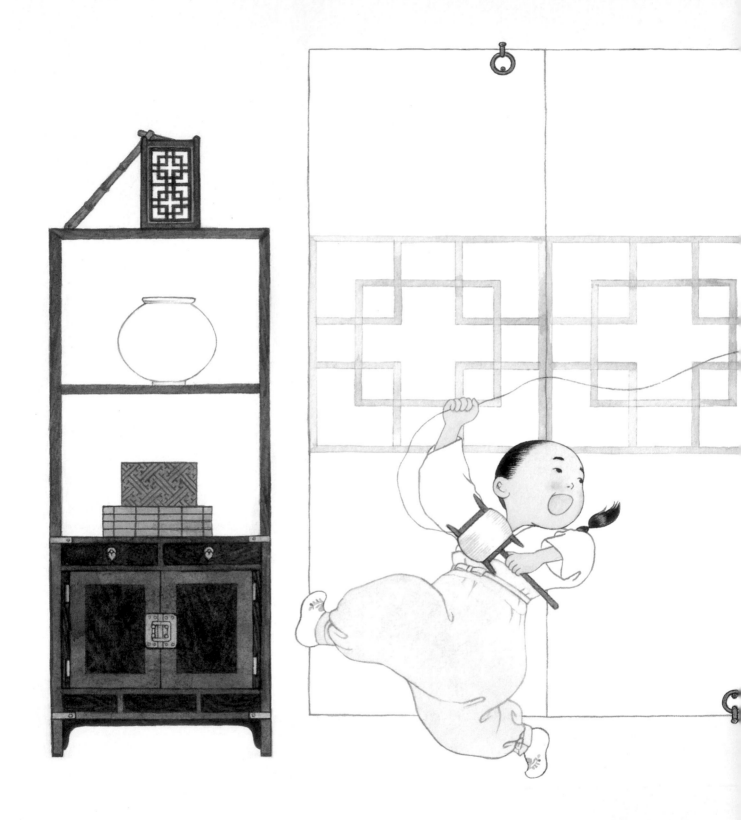

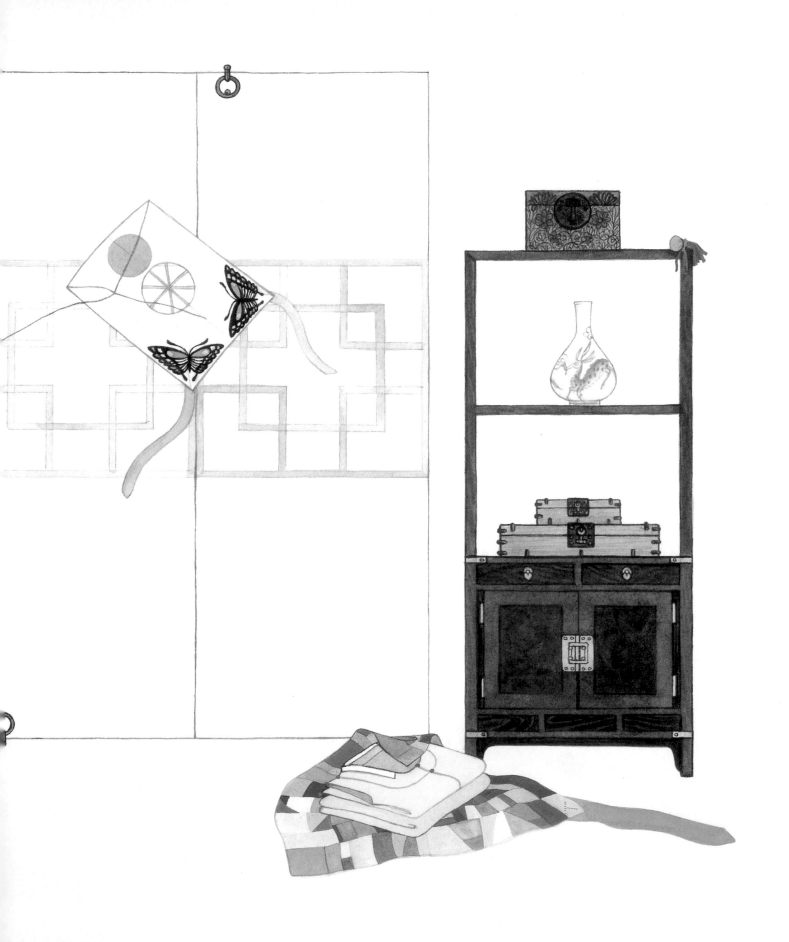

이번엔 저고리!

사락사락 사라락,

기분 좋은 소리 나는 비단 저고리

오른섶은 안으로, 왼섶은 밖으로 놓고

긴 고름으로 고를 내어 매듭지어요.

저고리 위엔 배자를 입어요.

어라! 이게 아닌데…….

다시, 다시, 차근차근

"됐다!"

단추 여미는 것쯤은 식은 죽 먹기!

자~ 이제 까치두루마기를……

"어! 또 거꾸로네."

다시 제대로 한 팔씩 꿰고

저고리처럼 고를 내어 고름을 매요.

"요번엔 안 틀린다." 금박 물린 남색 전복.

전대를 앞으로 모아 고리매듭을 지으면,

자, 이제 옷은 다 입었어요.
"다음 차례는 뭐더라……?"

정자관 쓰고 담뱃대 들고
할아버지 흉내 한번 내 볼까나?

"여봐라! 게 복 있느냐~."

태사혜 찾아 신고 복 받으러 갈래요.

어라, 근데 태사혜가 어디로 갔지요?

아하, 여기 숨어 있었군.

아버지가 사다 주신 멋진 태사혜,

"요걸 신고 제기를 차면 열 번도 더 차겠는걸."

"에헴, 물렀거라! 도련님이 나가신다."

아차! 호랑이 모자, 호건도 써야지.
"어흥! 내가 더 무섭지?"

이마까지 덮어쓰고 끈을 묶으면……
"어이쿠! 눈을 가렸네."

베~ 나도 잘 할 수 있다고.

長 壽

聰 明

이번엔 차근차근

옷도 입고 신도 신고 호건도 쓰고……
나 혼자 다 했어요.
어때요, 이만하면 다 컸지요?
"자, 이제 복 받으러 가 볼까? 어!"

"우아! 눈이다!"

"할아버지, 할머니! 세배 받으세요!"

설을 맞는 풍속과 설빔

한 해의 마지막 날에 사람들은 묵은 일을 정리하고 새해에 할 일을 계획합니다. 그리고 꼭 소망을 이루리라 다짐하기도 해요. 또 일가친척이나 친구들에게 한 해를 보내는 인사를 합니다. 이 날 밤에는 어린이나 어른이나 모두 밤 늦게까지 잠들지 않고 새날이 오는 순간을 맞이하려고 애를 씁니다. 밤 0시가 되면 서울의 보신각을 비롯한 전국의 종루에서 종을 울려 새해가 왔음을 알립니다. 그 주위에는 수많은 사람들이 모여서 종소리를 들으며 묵은해를 보내고 새해를 맞이합니다.

예전에는 섣달그믐 밤(음력 12월 마지막 날 밤)에 나이 적은 사람들이 친척 어른들을 찾아가 인사를 드렸대요. 이 인사를 '묵은세배'라고 하는데, 초저녁부터 밤중까지 골목골목에 인사 다니는 이들의 등불이 줄줄이 이어졌다고 합니다. 그리고 윷놀이를 하면서 밤을 새기도 했다지요. 아이들은 그 날 밤에 잠을 자면 눈썹이 하얗게 센다고 해서 잠을 자지 않으려고 애를 썼대요. 잠을 자는 사람 눈썹에는 하얀 분가루를 발라 놓고서 눈썹이 셌다며 놀려주기도 했답니다. 이 책의 주인공도 밤새 윷놀이도 하고 연도 매만지며 잠을 자지 않으려고 애썼을 거예요.

설날 아침에는 깨끗한 새 옷, 설빔을 꺼내 입고 온 가족이 모여 차례를 지냅니다. 그리고 세배를 하지요. 가장 나이가 많으신 어른께 먼저 절을 합니다. "오래오래 건강하게 사세요.", "새해 복 많이 받으세요." 하고 서로 좋은 말을 나누고 아침밥으로 떡국을 먹습니다.

요즘은 많이 사라진 풍경이지만 예전에는 일가친척이 큰집에 모여 차례를 지낸 다음에 친척들의 집을 방문하여 다시 차례를 드리고 음식을 나누어 먹었습니다. 그러다 보면 어느새 점심때가 되기도 했답니다. 이때에는 거리 곳곳이 고운 설빔을 입은 사람들로 넘쳐났다고 합니다. 설빔은 설날 하루만 입고 만 것이 아니라 보통 정월 대보름(음력 1월 15일) 무렵까지 입었다지요.

◆ 왼쪽 면의 그림은 온 가족이 설빔을 차려입은 모습입니다.

남자아이의 설빔 차림새

이제 이 책 주인공의 설빔을 하나씩 살펴보겠습니다.

먼저 버선을 신었지요? 꽃수를 놓은 버선에는 건강하고 오래 살라고 목숨 수 (壽)자를 수놓았어요. 버선은 양손으로 버선부리를 잡고 버선코를 앞쪽으로 해서 신습니다.

바지는 큰사폭이 있는 쪽이 오른쪽으로 가게 입어요. 품이 아주 넉넉하기 때문에 흘러내리지 않게 허리끈을 잘 묶어 주어야 합니다. 바지허리를 잘 여며서 매듭이 가운데 오도록 하여 예쁘게 묶어야겠지요? 이 책의 주인공처럼요. 허리끈을 묶고 나서 또 할 일이 있습니다. 대님을 묶는 거예요. 대님을 꼭 묶어야 바짓부리로 찬바람이 들어오지 않아요.

그 다음에는 저고리를 입습니다. 저고리 위에는 배자를 입었어요. 배자는 어른·아이, 여자·남자 할 것 없이 누구나 입었던 옷인데요, 저고리와 달리 소매, 섶, 고름이 없습니다. 지금은 배자 대신 조끼를 많이 입어요.

배자를 입은 다음에 까치두루마기를 입었지요? 아이들의 설빔 중에서 화려하고 예쁘기로 으뜸가는 옷이 까치두루마기입니다. 이 옷에는 다섯 가지 색깔이 들어갑니다. 여자아이와 남자아이의 옷이 조금 다른데요, 여자아이의 까치두루마기는 깃과 고름을 홍색이나 자색으로 하고 무는 남색으로 만들었습니다. 남자아이 것은 깃과 고름을 남색으로 하고 무를 자색으로 했고요, 노란색 겉섶과 분홍색 안섶, 연두색 길은 똑같습니다. 소매는 색동으로 했어요. 왼쪽 그림에 까치두루마기 부분의 명칭을 적어 놓았으니 참고하여 보시기 바랍니다. 이 옷은 섣달그믐인 까치설날에도 입었습니다. 그래서 까치두루마기라고 했답니다.

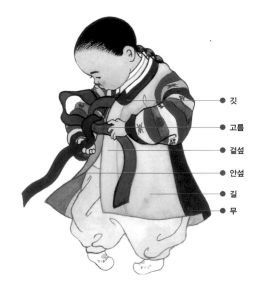

● 깃
● 고름
● 겉섶
● 안섶
● 길
● 무

그리고 또 남자아이들은 두루마기 위에 전복을 입었습니다. 원래 이 옷은 군인들이 입는 옷이었어요. 조선시대에는 결혼하기 전의 남자들이 이 전복을 입었습니다. 아이들의 전복에는 건강하게 오래 살고 훌륭한 사람이 되라는 뜻의 무늬들과 글을 수놓거나 금박을 했습니다. 전복은 전대를 둘러 묶어 입었습니다. 주인공 아이는 전대에 잠자리 매듭 달린 귀주머니를 달아 멋을 냈습니다.

아이가 신은 태사혜는 마른 땅에서만 신는 마른신입니다. 가죽으로 신창을 만들고 겉은 비단으로 싸서 만들었어요.

밖으로 나가기 전에 아이가 쓴 호건은 명절에 쓰는 것입니다. 평상시에는 호건 대신에 복건이라는 것을 썼어요. 조선시대 양반들은 맨머리를 보이는 것을 예절에 어긋난다고 생각해서 집 안에서나 집 밖에서나 머리에 꼭 건이나 관을 썼습니다. 건이란 옷감으로 만든 간단한 모자예요. 호건은 호랑이 모양으로 만들었다 해서 붙인 이름입니다. 호랑이 귀와 눈썹, 눈과 코, 입이 다 있는 모자예요. 여기에다도 오래 살고 건강하고 부귀영화를 누리라는 글귀를 새겼지요. 이 책의 주인공이 쓴 호건에는 그것을 선물한 외할아버지의 덕담이 쓰여 있어요. 설빔을 만들었거나 선물한 사람의 마음이 그 안에 다 들어 있는 것입니다. 주인공 아이는 설날 아침 혼자 옷을 입고 몸단장을 하며 그런 마음을 아는 듯 쑥쑥 커갈 것을 다짐합니다.

설날은 한가위와 더불어 우리 겨레의 가장 큰 명절입니다. 설날 아침 새 옷 설빔을 입고 몸을 단장하듯 누구나 새 마음 새 뜻으로 새해를 맞이하면 좋겠습니다. 새해 복 많이 받으세요.